Cultive ton bonheur

28 jours pour apprendre à être heureux, changer ses habitudes et enfin profiter de la vie

Alex Lebron

Selon le Code de la propriété intellectuelle, copier ou reproduire cet ouvrage aux fins d'une utilisation collective est formellement interdit.

Une représentation Ou une reproduction partielle ou intégrale, quel que soit le procédé utilisé, sans que l'auteur ou ayant droit n'ait donné son accord, relève d'une contrefaçon intellectuelle aux termes des articles L.335-2 et expose les contrevenants a des poursuites.

Première édition, 2022

Sommaire

Introduction *1*

JOUR 1 S'engager à cultiver le bonheur *5*

JOUR 2 Qu'est-ce qui vous rend heureux ? *9*

JOUR 3 Bien commencer sa journée *13*

JOUR 4 L'action, source de bonheur *17*

JOUR 5 Se déstresser simplement *21*

JOUR 6 Les bienfaits de l'exercice *25*

JOUR 7 Les relations humaines *29*

JOUR 8 Savourer les petites choses *33*

JOUR 9   Le bonheur dans une mer de tristesse *37*

JOUR 10 Lutter contre la négativité *41*

JOUR 11 S'entourer de personnes heureuses *45*

JOUR 12 Soigner votre sommeil *49*

JOUR 13 Améliorer sa confiance en soi *53*

JOUR 14 Faire preuve de bonté envers autrui *57*

JOUR 15 Faire semblant *61*

JOUR 16 Tenir un journal de gratitude *65*

JOUR 17 Pensées et émotions négatives *69*

JOUR 18 Vivre l'instant présent *73*

JOUR 19 La communication positive *77*

JOUR 20 Donner rend plus heureux *81*

JOUR 21	Méditer	85
JOUR 22	Des objets contre des expériences	89
JOUR 23	Désencombrer sa vie	93
JOUR 24	Arrêter de se plaindre	97
JOUR 25	Manger mieux	101
JOUR 26	Passer du temps pour soi	105
JOUR 27	Partager sa joie	109
JOUR 28	Constatez-vous une différence ?	113
Conclusion		117
Le mot de la fin		119

Introduction

Êtes-vous une personne au verre à moitié plein ou à moitié vide ? Cet exemple illustre parfaitement le fait qu'il y a souvent deux côtés à une histoire et que vous avez le choix de la façon dont vous voyez les choses. Et ce choix détermine à son tour la façon dont vous vous sentez heureux. Le bonheur devient alors un choix que vous faites chaque jour.

Vous pouvez choisir de voir le verre à moitié vide, de vous concentrer sur le fait que vous avez presque fini de boire ce bon verre de thé glacé. Avec cette attitude, vous êtes plus susceptible de vous sentir un peu déprimé par votre thé. Si, au contraire, vous vous concentrez sur le fait que le verre est encore à moitié plein et que vous avez encore beaucoup de thé glacé à siroter, votre humeur s'améliore et vous augmentez votre bonheur.

Quand on voit les choses sous cet angle, le bonheur est vraiment un choix conscient que l'on fait, du moins jusqu'à un certain point. D'après ce que j'ai lu, 40 % de votre bonheur est directement affecté par la façon dont vous pensez et dont vous choisissez de vous sentir.

Puisque le bonheur est un choix, et un choix que nous faisons chaque jour, je veux à travers ce livre vous mettre au défi d'en faire une habitude. Tout au long des chapitres de ce livre, je veux vous inspirer et vous encourager à faire le choix chaque matin d'être plus heureux.

Il faut du temps et des décisions conscientes quotidiennes pour changer les habitudes et la façon dont nous abordons la vie. D'où l'idée de ce défi de 28 jours. C'est le temps pour qu'une nouvelle habitude s'installe durablement dans notre cerveau.

L'idée est de lire un chapitre par jour. 28 jours, 28 chapitres. Vous pouvez bien entendu lire les chapitres les uns après les autres d'une seule traite. Idéalement lire un chapitre par jour vous permettra de mettre en place les idées et concepts évoqués. Une fois arrivé à la fin du livre, j'espère que vous aurez acquis de nouvelles habitudes, de nouveaux modes de pensée et de nouvelles façons d'envisager chaque situation telle qu'elle se présente. En modifiant légèrement votre façon de penser et de percevoir les choses, vous pourrez vous construire une vie plus heureuse et plus épanouissante. J'espère que ce livre vous aidera à y parvenir.

JOUR 1

S'engager à cultiver le bonheur

Qu'est-ce que cela signifie d'être totalement engagé dans quelque chose ? Cela signifie souvent que l'on se fixe un objectif et que l'on s'engage à faire ce qu'il faut pour l'atteindre. Nous nous engageons dans une relation lorsque nous nous marions, nous nous engageons dans un emploi ou une carrière, et nous pouvons nous engager dans un hobby. Mais aujourd'hui, je veux me concentrer sur l'engagement à cultiver le bonheur.

En introduction, j'ai expliqué qu'une partie au moins de notre bonheur est directement liée à un choix que nous faisons. Je vous ai également fait part de l'objectif que je me suis fixé en lançant ce défi de 28 jours pour nous aider à prendre la décision consciente d'être plus heureux et à créer une nouvelle habitude d'avoir une vision plus positive. La première étape pour y parvenir est de s'engager à relever ce défi et à être heureux. Ceci est valable pour toute nouvelle habitude que vous souhaitez ancrer en vous. La première étape consiste toujours à s'engager à agir. À partir de là, il s'agit de pratiquer quotidiennement jusqu'à ce que le nouveau comportement ou la nouvelle action devienne une véritable habitude. Une habitude, soit dit en passant, est quelque chose que vous faites sans pensée consciente ni effort.

Notre voyage vers une version plus heureuse de nous-mêmes n'est pas différent. Nous devons nous engager à être heureux. Bien sûr, ce n'est pas aussi facile que de se dire que l'on sera plus heureux à partir de maintenant. Bien que cela soit certainement utile, ce n'est pas aussi simple que cela. Avant de pouvoir vraiment s'engager à être heureux, nous devons définir ce qui nous rend heureux.

Prenez le temps aujourd'hui de réfléchir à ce qui vous rend heureux et aussi à ce qui ne vous rend pas heureux. Creusez en profondeur. Par exemple, si vous êtes heureux en vous pelotonnant sur le canapé avec un bon livre, réfléchissez à la raison de ce bonheur. Est-ce parce que cela vous permet de vous évader et d'oublier votre propre vie pendant un moment ? Si c'est le cas, essayez de déterminer ce que vous fuyez lorsque vous vous plongez dans un livre et ce que vous pouvez faire pour y remédier. Si le fait de vous lever à 6 heures du matin pour aller travailler vous rend malheureux et qu'il n'est pas possible de changer d'horaire, pensez aux aspects positifs de ce lever matinal. Vous pouvez voir le soleil se lever, rentrer à la maison à une heure décente et avoir le temps de vous détendre avec vos enfants ou votre conjoint avant le coucher. Une chose aussi simple que de mettre en place une routine relaxante à l'heure du coucher et de se coucher un peu plus tôt peut vous permettre de vous lever beaucoup plus facilement à 6 heures du matin et d'améliorer votre vision du travail matinal.

Dans les prochains chapitres, nous nous pencherons plus en détail sur ce qui nous rend heureux et sur la manière de cultiver le bonheur. Pour l'instant, trouvez votre propre définition du bonheur ainsi que 10 choses ou personnes différentes, au moins, qui vous rendent heureux. Puis engagez-vous à utiliser les jours à venir à devenir plus heureux. Vous ne le regretterez pas.

JOUR 2

Qu'est-ce qui vous rend heureux ?

Dans le chapitre précédent, nous avons commencé à parler du bonheur et vous avez commencé à réfléchir à ce qui vous rend heureux. Cela faisait partie de notre engagement en faveur du bonheur. Dans ce chapitre, nous allons creuser un peu plus loin. Il y a beaucoup de choses qui nous rendent heureux de façon régulière. Pensez aux petites choses simples qui vous font sourire. Il peut s'agir d'une personne, d'une chose, d'une expérience, d'une action, d'une chanson... la liste est longue.

Un moyen facile d'accroître notre bonheur et notre satisfaction est de faire simplement quelque chose qui nous rende heureux chaque jour. Pendant ce défi, c'est une chose sur laquelle vous devez travailler. Pour faciliter la suite de ce défi, nous allons dresser une liste de ce qui nous rend heureux. Cette liste sera évidemment différente pour chacun d'entre nous. Laissez-moi vous donner quelques idées et quelques éléments auxquels vous pouvez réfléchir. Ensuite, je veux que vous preniez un stylo et un cahier, ou une feuille de papier, ou si vous préférez, ouvrez votre ordinateur portable et commencez à taper. Je veux que vous dressiez une liste des choses qui vous rendent heureux.

Ne réfléchissez pas trop. N'essayez pas de dresser une liste organisée et catégorisée. Au contraire, commencez simplement à réfléchir et notez vos idées. Ne vous sentez pas obligé de tout noter en une seule fois. N'hésitez pas à compléter la liste au fil du temps et prenez l'habitude de remarquer les choses qui vous rendent heureux et de les ajouter à la liste tout au long de ce défi et au-delà.

Commençons par les grandes choses qui nous rendent heureux. Quelles personnes dans votre vie vous rendent heureux ? Quels sont les objets que vous possédez qui vous apportent de la joie ? Quelles activités et quels passe-temps vous apportent beaucoup de bonheur ? Voyez grand ici et choisissez ce qui a le plus grand impact sur votre humeur. Cela peut aussi inclure des choses comme des gestes ou des actions qui vous font sourire. Les lieux sont un autre excellent complément. Vous êtes peut-être plus heureux à la plage.

Puis pensez aux petites choses qui vous rendent heureux. Peut-être est-ce le fait de savourer la première tasse de café du matin, une jolie fleur dans votre jardin ou le fait d'avoir cinq minutes à soi. À partir de là, prenez conscience de ce qui vous rend heureux ou de ce qui vous fait sourire. Arrêtez-vous et remarquez chaque fois que cela se produit, et continuez à ajouter à votre liste de choses qui vous rendent heureux. Cette liste vous sera d'une grande utilité tout au long de ce défi. En prime, elle vous rendra reconnaissant et satisfait, rien qu'en regardant cette longue liste de personnes et de choses qui vous rendent heureux.

JOUR 3

Bien commencer sa journée

Parlons de la gratitude. La gratitude consiste à apprécier les bonnes choses de notre vie. Commencer la journée en pensant à toutes les choses dont nous pouvons être reconnaissants est un excellent moyen de donner le ton. La pratique de la gratitude nous fait nous concentrer sur toutes les choses bonnes et agréables de notre vie, ce qui, à son tour, améliore notre bonheur général.

En d'autres termes, le fait de passer quelques minutes tôt le matin à penser à ce pour quoi nous sommes reconnaissants peut améliorer notre humeur et notre sentiment d'être heureux pour toute la journée. C'est quelque chose qui vaut la peine d'être examiné et vous n'avez pas besoin d'y consacrer beaucoup de temps.

Au réveil, lorsque vous êtes assis à la table de votre cuisine à prendre votre petit déjeuner, pensez à toutes les choses et à toutes les personnes pour lesquelles vous êtes reconnaissant et reconnaissante. Concentrez-vous sur tout ce qui s'est passé de positif la veille ou qui devrait se produire aujourd'hui. Vous pouvez être reconnaissant pour les plus petites choses. Je me réveille reconnaissant d'avoir un lit chaud et confortable pour dormir et, bien sûr, je suis toujours reconnaissant pour une bonne tasse de café qui m'aide à me réveiller et à me préparer pour ma journée chargée. Pensez aux personnes de votre vie pour lesquelles vous êtes reconnaissant, notamment vos parents, vos grands-parents, votre conjoint ou votre partenaire, vos enfants, vos amis, vos collègues... Essayez de trouver quelque chose de bien chez toutes les personnes importantes de votre vie.

Une autre option est de simplement regarder autour de vous. Regardez votre cuisine ensoleillée, ou les arbres et les oiseaux que vous pouvez voir derrière votre fenêtre. Quelle que soit votre situation de vie actuelle, je suis sûr que vous pouvez penser à des choses dont vous êtes reconnaissant, même si ce n'est pas votre espace de vie idéal.

Intégrez cet exercice de gratitude à votre rituel matinal. En vous concentrant sur cet exercice, en le pratiquant à peu près à la même heure chaque matin et, si possible, dans un cadre similaire, l'habitude s'installera. Et c'est là l'objectif à long terme. Vous voulez être capable de vous entraîner à être reconnaissant sans effort et sans avoir à y penser. Rien que le fait d'atteindre ce stade aura un impact énorme sur la façon dont vous vous sentirez heureux et satisfait à partir de maintenant. Essayez-le pendant quelques semaines et notez comment votre état d'esprit change en ajoutant simplement ce petit exercice de gratitude le matin. Avant longtemps, vous le ferez automatiquement et vous ne voudrez plus manquer cette occasion de reconnaître toutes les bonnes choses de votre vie.

JOUR 4

L'action, source de bonheur

Nous sommes programmés pour agir et faire avancer les choses. Notre survie en tant que société dépend des actions de nombreuses personnes différentes. Nous faisons chacun notre part et tout se passe bien. Il est donc logique que nous disposions d'un mécanisme interne ancré dans notre cerveau qui nous récompense lorsque nous agissons.

Je suis sûr que vous avez déjà vu cela en action dans votre propre vie. Vous vous sentez fier, accompli et heureux lorsque vous terminez un gros projet de travail ou que vous finissez de réorganiser votre placard. C'est un sentiment formidable et c'est ce qui nous pousse à faire des choses régulièrement. C'est une motivation pour se mettre au travail et passer à l'action.

En revanche, lorsque nous n'avons rien de significatif à faire et que nous n'avons pas l'impression d'apporter notre contribution, nous sommes déprimés. Les personnes qui n'ont pas un emploi satisfaisant ou qui ont l'impression que leur travail est inutile sont beaucoup plus susceptibles de se sentir abattues, fatiguées, tristes et déprimées.

La meilleure façon d'inverser cette tendance est de trouver quelque chose, n'importe quoi, qui nous permette de nous sentir productifs. Si nous avons l'impression d'apporter quelque chose aux autres, d'avoir un impact positif sur leur vie, c'est encore mieux. Faites un essai. La prochaine fois que vous vous sentez déprimé(e), forcez-vous à faire une petite chose productive. Allez nettoyer la salle de bain, rangez votre étagère de livres ou faites une lessive. Utilisez ensuite l'accomplissement de cette tâche pour vous motiver à faire autre chose. Continuez sur cette lancée et, avant même de vous en rendre compte, vous remarquerez que votre humeur s'améliore.

Si vous voulez amplifier cette expérience, sortez et faites quelque chose de productif qui aide les autres. Faites du bénévolat auprès d'une banque alimentaire pendant quelques heures, ou donnez un coup de main au refuge pour animaux de votre quartier. Proposez de faire du baby-sitting pour une amie qui a des enfants et qui n'a pas pu sortir de la semaine. Faites quelque chose qui profite à quelqu'un d'autre et vous vous sentirez encore mieux qu'avant.

À long terme, fixez-vous comme objectif d'occuper un emploi ou de créer une entreprise qui contribue à alimenter ce sentiment de contribution et d'entraide. Ne serait-il pas formidable que les heures que vous passez à gagner votre vie chaque semaine contribuent également à votre bonheur général et à votre sentiment d'accomplissement ? Que pouvez-vous faire cette semaine ou ce mois-ci pour atteindre cet objectif ? C'est par là qu'il faut commencer. En attendant, continuez à faire du bénévolat, à agir et à faire des choses qui vous rendent heureux et vous font vous sentir accompli.

JOUR 5

Se déstresser simplement

C'est difficile d'être heureux quand on est stressé. Je n'ai pas besoin de vous le dire. Je suis sûr que vous en avez fait l'expérience vous-même. Pensez à des situations très stressantes, comme le fait de rater un vol pour partir en vacances. Avec un peu de chance, vous avez pu récupérer et profiter de vos vacances, mais il est fort probable que vous n'étiez pas très heureux tant vous étiez stressé. Le stress aspire le bonheur et la joie qui nous habitent.

Il est donc logique que l'un des moyens d'accroître notre bonheur et notre qualité de vie soit la réduction de notre niveau de stress. Non seulement c'est bon pour notre âme, mais c'est aussi bon pour notre santé et notre bien-être général. Voici quelques gestes simples que vous pouvez faire pour vous déstresser.

Dormez suffisamment
Un moyen simple de réduire le stress est de s'assurer que l'on dort sept à huit heures par nuit. Lorsque nous ne dormons pas bien, et pas assez, notre corps est dans un état de stress constant, essayant de compenser le manque de sommeil. Le sommeil nous aide à nous détendre et donne à notre esprit le temps de traiter tout ce qui s'est passé. Arrêtez de brûler la chandelle par les deux bouts et dormez un peu. Vous serez plus efficace lorsque vous serez frais et dispos et vous serez moins stressé.

Bougez et faites de l'exercice
Sans aucun doute, le meilleur moyen de lutter contre le stress est l'exercice. Commencez à bouger et éliminez le stress de votre système. Si vous pouvez vous entraîner à l'extérieur, c'est encore mieux. L'air frais et le soleil feront des merveilles. Allez courir, ou même marcher un peu, dès que vous vous sentez stressé. Pour de meilleurs résultats, faites de l'exercice régulièrement.

Prenez du temps pour vous
Il y a des moments dans notre vie où nous devons consacrer beaucoup d'attention aux autres. Vous élevez peut-être un enfant en bas âge ou bien vous travaillez dur pour faire décoller une nouvelle entreprise. Dans ces moments de grande activité qui mobilisent beaucoup d'attention et de temps, il est facile de s'oublier ou de faire passer ses besoins personnels en dernier. Efforcez-vous de passer un peu de temps pour vous chaque jour. Il n'est pas nécessaire que ce soit beaucoup. Même dix minutes passées à se détendre et à faire quelque chose de complètement égoïste peuvent être un excellent moyen de décompresser et de se déstresser.

Pratiquez la méditation
Terminons par une dernière technique qui permet d'éloigner le stress. Essayez de méditer. Encore une fois, vous n'avez pas besoin d'y consacrer beaucoup de temps. S'asseoir tranquillement et suivre une méditation guidée une fois par jour peut faire des merveilles. Une fois que vous aurez pris l'habitude de méditer tous les jours et que vous vous serez amélioré, vous pourrez utiliser les techniques que vous aurez apprises chaque fois que vous serez confronté à une situation particulièrement stressante. Vous pouvez consacrer une minute ou deux à la

méditation, même au moment le plus stressant, et permettre à votre esprit de se détendre. Croyez-moi, cela vous sera très utile lorsque la vie vous prendra à rebrousse-poil ou lorsque vous vous sentirez complètement dépassé(e).

JOUR 6

Les bienfaits de l'exercice

Lorsque vous passez une mauvaise journée ou que vous vous sentez déprimé(e), le meilleur moyen d'accroître votre bonheur est peut-être de faire de l'exercice. Il existe un lien étroit entre l'exercice et l'amélioration de l'humeur et du bien-être. Faites-en l'essai. Faites une promenade de 30 minutes lorsque vous vous sentez déprimé et malheureux. Vous remarquerez que votre humeur commence à s'améliorer tout au long de la promenade. Au retour, vous remarquerez peut-être que vous vous sentez encore plus heureux.

Cette augmentation du bonheur et du bien-être après l'exercice est due à deux mécanismes différents dans notre corps. Le premier est que l'exercice provoque la libération de substances chimiques dans le cerveau, comme les endorphines et d'autres substances qui améliorent l'humeur. Cela se produit quelques minutes seulement après l'exercice et l'effet peut durer une bonne douzaine d'heures. La deuxième partie de l'équation est que l'exercice contribue également à réduire les niveaux de cortisol et d'adrénaline, hormones du stress, dans l'organisme. Cela signifie que vous vous sentirez instantanément moins stressé. Cette double action peut avoir un effet considérable sur votre état d'esprit. Une activité aussi simple qu'une marche rapide peut vous aider à vous sentir mieux presque immédiatement.

Pour obtenir de meilleurs résultats, vous devez faire de l'exercice plusieurs fois par semaine. Prenez le temps de vous promener pendant votre pause déjeuner ou faites une petite séance d'entraînement avant de partir au travail le matin. Peu importe ce que vous faites, du moment que vous commencez à bouger et à faire circuler le sang. Choisissez des activités qui vous plaisent et auxquelles vous vous astreindrez.

En plus de l'amélioration de l'humeur quotidienne que vous obtenez en faisant de l'exercice régulièrement, il existe un certain nombre d'autres avantages à long terme. L'exercice est bon pour la santé et, à mesure que vous persisterez, vous serez plus en forme, voire plus mince et plus tonique. Vous vous sentirez mieux et vous aurez une meilleure image de vous-même. Ce surcroît de confiance peut être un excellent stimulant pour votre humeur.

Pour de meilleurs résultats, essayez de faire le plus d'exercice possible à l'extérieur. L'air frais et le soleil contribuent à un sentiment de bien-être. Réfléchissez à des choses simples que vous pouvez commencer à faire dès maintenant. Il peut s'agir de faire une promenade chaque après-midi. Vous pouvez aussi vous mettre au jogging. Vous pouvez aussi vous inscrire à un cours de yoga ou de Pilate auprès d'une association de votre ville, ou encore rejoindre une équipe de sport collectif. Peu importe ce que vous choisissez de faire, tant que vous vous fixez comme objectif d'être plus actif et de bouger. Changez de registre et organisez une randonnée en groupe pour le week-end, ou sortez votre vélo. Il existe de nombreuses façons amusantes de bouger et de profiter du monde qui vous entoure.

JOUR 7

Les relations humaines

Que nous le voulions ou non, nous sommes des créatures sociales qui ont besoin de relations humaines. C'est inscrit dans notre cerveau, car nous devons travailler ensemble pour assurer la survie de notre espèce. Nous devons travailler ensemble pour y parvenir. Il est donc logique que le fait de former et d'entretenir ces liens comporte une récompense interne intégrée. À l'inverse, lorsque nous passons trop de temps isolés et seuls, nous commençons à nous sentir tristes, déprimés et si cet isolement dure trop longtemps, nous pouvons devenir fous.

Et c'est notre interaction avec les autres, plus que toute autre chose, qui nous apporte le bonheur. Ce n'est pas la quantité d'argent que nous gagnons ou que nous avons sur un compte en banque. Ce n'est pas la grande maison, la voiture de luxe et toutes les choses que nous accumulons au fil des ans. Ce qui nous rend heureux, c'est de passer du temps et de partager des expériences avec d'autres personnes.

Bien sûr, toutes les personnes ne nous rendent pas heureux. Nous sommes tous confrontés à des personnes avec lesquelles nous n'aimons pas particulièrement passer du temps. Nous le faisons pour travailler ensemble sur un projet au bureau, parce qu'ils sont nos voisins, ou parce qu'ils s'entraînent à côté de nous à la salle de sport. Il y a des gens avec lesquels nous sommes ambivalents, d'autres avec lesquels nous préférerions ne pas passer de temps si nous avions le choix. Pourtant, ces relations présentent toujours des avantages. Nous travaillons bien ensemble, nous nous remettons en question et nous devenons de meilleures personnes et de meilleurs contributeurs à la société en général lorsque nous collaborons.

En revanche, lorsque nous sommes avec des personnes que nous aimons et dont nous apprécions la compagnie, nous retirons beaucoup de joie, de satisfaction et de bonheur de ces interactions. Nous sommes devenus des êtres qui ont besoin de connexions mentales, sociales et physiques. Ce n'est pas pour rien que presque tout le monde apprécie un câlin sincère.

Passer du temps avec des personnes qui nous aiment et nous encouragent, et avec celles qui nous mettent au défi et nous poussent à nous dépasser, nous aide à grandir en tant qu'êtres humains. Nous devenons meilleurs lorsque nous avons des supporters et des mentors autour de nous. Ce n'est pas pour rien que l'on dit que vous êtes ou deviendrez la moyenne des cinq personnes avec lesquelles vous avez passé le plus de temps. Choisissez judicieusement les personnes qui vous entourent si vous voulez grandir en tant que personne et si votre objectif est le bonheur, passez autant de temps que possible avec des gens heureux et positifs.

Surtout, veillez à entretenir ces relations étroites et importantes avec votre famille et vos amis. Ces liens contribueront à votre bonheur et vous donneront l'impression de faire partie de quelque chose de plus grand qui donne un sens à votre vie.

JOUR 8

Savourer les petites choses

« Ne vous inquiétez pas pour les petites choses », disent-ils. Et ils — qui que ce soit — ont raison. Il est facile de se laisser entraîner par toutes les petites choses qui nous stressent et gâchent notre journée. Franchement, cela ne vaut pas la peine de gaspiller beaucoup d'énergie sur un tas de choses qui se produisent au quotidien et qui ne nous plaisent pas. Bien sûr, nous pouvons nous énerver parce que quelqu'un d'autre a pris la dernière bonne place de parking, ou parce que l'épicerie n'a plus de notre marque de céréales préférée. Mais nous pouvons aussi choisir de ne pas en faire tout un plat et utiliser ces petites choses, plutôt insignifiantes, pour nous entraîner à voir le côté positif des choses. Le fait de devoir se garer plus loin nous permet de faire un peu d'exercice et de profiter de l'air frais et du soleil pendant quelques minutes lorsque nous nous rendons au bureau. Ne pas pouvoir trouver nos céréales préférées signifie que nous avons l'occasion d'essayer quelque chose de nouveau qui pourrait nous plaire encore plus.

Toute situation a souvent deux côtés et, en tant qu'êtres humains, nous avons le choix de la façon dont nous la regardons. Faites-vous un devoir de voir le bon côté des choses et regardez votre bonheur et votre satisfaction augmenter. Ensuite, faites un pas de plus et commencez à prêter attention à toutes les bonnes choses qui vous entourent. Arrêtez-vous et sentez les roses, si vous voulez.

Je suis sérieux. Il y a beaucoup de bénéfices à remarquer toutes les choses positives autour de vous. De nombreuses petites choses autour de vous vous feront sourire, si vous prenez le temps de les remarquer. Prenez l'habitude de consacrer une partie de votre temps libre cette semaine à les savourer. Remarquez l'odeur de votre café, la façon dont il vous réchauffe les mains par un matin frais, et son goût. Prêtez attention aux oiseaux à l'extérieur de votre fenêtre et remarquez combien les observer faire leurs cabrioles autour du mangeoire vous met en joie. Appréciez le câlin que votre enfant vous fait après être allé le chercher à l'école. En d'autres termes, savourez toutes les petites choses qui vous rendent heureux. Ce n'est peut-être pas grand-chose, mais tout cela contribue à une vie très heureuse. Vous devez simplement prendre le temps de les remarquer.

Au cours des prochaines semaines, entraînez-vous à remarquer et à savourer les petites choses. Ne laissez pas les mauvaises vous déprimer. Au contraire, efforcez-vous de trouver quelque chose de positif dans tout ce qui vous arrive au cours de la journée. Il ne faudra pas longtemps avant que vous sentiez que ce simple petit exercice fasse évoluer votre vision globale de la vie.

JOUR 9

Le bonheur dans une mer de tristesse

Nous traversons tous des périodes difficiles. Il y a des périodes de notre vie où il est difficile de trouver beaucoup de joie et de bonheur au milieu d'une mer de tristesse et d'accablement. Nous avons parfois l'impression d'être dépassés par les événements et de ne pas pouvoir réfléchir correctement. Cela provoque beaucoup de stress et, comme nous l'avons dit dans un chapitre précédent, le stress tue le bonheur.

Il y a aussi des moments incroyablement tristes dans nos vies. Des relations se terminent et nous perdons des êtres chers. Il y a un temps pour faire son deuil et nous avons besoin de traiter cette perte. Nous avons également besoin de ces moments tristes dans la vie pour contraster avec les moments plus heureux. Sans la tristesse, le bonheur n'aurait aucun sens. Pensez-y un instant. Si vous n'êtes jamais triste, toujours heureux, le bonheur devient la nouvelle norme, et non quelque chose à apprécier et à rechercher.

Cela dit, il y a des choses que vous pouvez faire pour trouver un peu de bonheur pendant ces moments difficiles. Souvent, c'est tout ce qu'il faut pour vous aider à traverser cette période de votre vie. Vous ne pouvez pas vous attendre à ce qu'en appuyant sur un bouton, tout soit soudainement rose et arc-en-ciel. Et pourquoi le voudriez-vous ? Nous avons besoin de temps pour faire notre deuil lorsque nous perdons quelqu'un, et l'accablement et le stress nous aident à rester sur le qui-vive et à accomplir nos tâches. Ce dont nous avons besoin, c'est de voir un peu de lumière au bout du tunnel. Nous avons besoin de cette lueur de bonheur pour nous donner de l'espoir.

Voyons comment vous pouvez créer cette petite dose de bonheur qui vous aidera à traverser les moments difficiles. La première chose sur laquelle vous pouvez vous concentrer est la gratitude. Lorsque vous vous sentez particulièrement mal, triste ou accablé et que vous ne savez pas vers quoi vous tourner, pensez aux nombreuses personnes et choses de votre vie pour lesquelles vous pouvez être reconnaissant. Si vous avez récemment perdu un être cher, soyez reconnaissant pour le temps que vous avez passé avec lui et les choses que vous avez apprises de cette personne spéciale. Si vous êtes stressé au travail ou dans votre propre entreprise, soyez reconnaissant d'évoluer et de progresser. Ce n'est peut-être pas facile, mais cet accablement et ce stress signifient généralement que de bien meilleures choses vous attendent.

Je trouve qu'il est aussi extrêmement utile de trouver la joie dans les petites choses. Peut-être n'êtes-vous pas prêt à être reconnaissant, et ce n'est pas grave. Faites plutôt attention à votre environnement et trouvez un peu de joie dans ce qui vous entoure. Laissez ce bambin qui joue dans le parc vous mettre le sourire aux lèvres. Appréciez les premiers rayons de soleil au printemps, ou remarquez la beauté de cette fleur dans votre jardin. En d'autres termes, regardez autour de vous et trouvez un peu de joie et de bonheur là où vous le pouvez. Surtout, rappelez-vous que même dans les moments difficiles, il est normal de trouver et d'apprécier ces petits moments de bonheur.

JOUR 10

Lutter contre la négativité

Avez-vous remarqué que les commentaires et les événements négatifs restent en mémoire beaucoup plus longtemps et nous influencent davantage que les événements positifs ? Je suis sûr que vous en avez fait l'expérience à plusieurs reprises. Un commentaire positif de votre professeur, par exemple, est apprécié, mais ses effets s'estompent rapidement. Un commentaire négatif, en revanche, reste en mémoire beaucoup plus longtemps. Comment cela se fait-il ? Parce que notre cerveau a un penchant pour la négativité. C'est mesurable et des études, par le biais de scanners cérébraux, ont montré que notre cerveau réagit plus fortement aux stimuli négatifs. La grande question est donc de savoir comment lutter contre le penchant de notre cerveau pour la négativité.

Que pouvons-nous faire pour nous assurer que les remarques et les critiques négatives ne nous dépriment pas ? La première étape consiste à prendre conscience de l'existence d'une telle chose. Cela nous permet de prendre chaque élément de négativité avec du recul. Il peut être incroyablement utile de reconnaître que notre esprit et notre cœur peuvent réagir de manière excessive à quelque chose de négatif. D'un autre côté, cette connaissance nous permet également de savourer la positivité. N'écartez pas d'emblée un compliment. Au contraire, savourez-le, pensez-y, faites en sorte de vous en souvenir et permettez-lui de vous remonter le moral lorsque la négativité vous abat.

Bien sûr, tout cela est plus facile à dire qu'à faire. Ce penchant pour la négativité étant ancré dans notre cerveau, il faut beaucoup de temps et d'efforts pour prendre de nouvelles habitudes plus positives. Rappelez-vous chaque matin que votre esprit essaie de vous forcer à vous concentrer sur les choses négatives et qu'il faut fournir un effort conscient pour équilibrer cela en étant attentif à toutes les choses bonnes et heureuses de notre vie.

Avec le temps, cela nous permettra de nous endurcir face aux critiques injustifiées. Devriez-vous ignorer tous les commentaires ou suggestions qui vous déplaisent ? Bien sûr que non. Il existe des critiques constructives qui nous aident à grandir et à nous améliorer dans ce que nous faisons. Ce dont nous devons nous protéger, ce sont les mots, les événements et les sentiments négatifs qui nous poussent à nous cacher dans une grotte. Nous ne voulons pas encourager l'inaction en nous-mêmes. Au contraire, nous voulons utiliser la positivité qui nous entoure pour nous relever et nous aider à traverser les moments difficiles, à devenir plus forts et à nous améliorer dans ce que nous faisons.

Réfléchir quotidiennement aux bons et aux mauvais côtés peut être un excellent exercice pour nous aider à prendre un peu de distance et à voir tout ce qui nous arrive sous un meilleur jour. Tenez un journal ou réservez du temps pour une contemplation tranquille. Parler des choses avec un ami, en particulier lorsque vous êtes aux prises avec quelque chose de négatif que vous avez du mal à dépasser, est une autre excellente idée. Par-dessus tout, faites ce que vous pouvez pour compenser la négativité par les bonnes choses. Conservez une boîte ou un dossier contenant les meilleurs courriels et commentaires positifs que vous avez reçus. Parcourez-les chaque fois que vous avez besoin de contrebalancer quelque chose de négatif. Au fil du temps, vous développerez cette peau plus épaisse qui vous protégera de vos critiques les plus sévères.

JOUR 11

S'entourer de personnes heureuses

Les humeurs sont contagieuses. Si vous êtes entouré d'un groupe de personnes tristes et déprimées, vous commencerez à vous sentir déprimé. Si, au contraire, vous vous trouvez dans un groupe de personnes heureuses, vous ne pourrez pas vous empêcher de sourire. Il est donc logique de s'entourer de personnes heureuses si vous voulez que votre propre niveau de bonheur augmente.

Cela signifie-t-il que vous devez exclure de votre vie toutes les personnes qui ne sont pas super heureuses ? Bien sûr que non. Nous avons tous dans notre vie des personnes importantes que nous aimons et chérissons et qui n'ont pas la vision la plus ensoleillée de la vie. De plus, nous connaissons tous des saisons heureuses et d'autres tristes dans notre vie.

Je vous suggère plutôt de noter qui sont les personnes heureuses dans votre vie. Quelles sont celles qui vous encouragent quoi qu'il arrive et qui vous donnent le sourire à chaque fois que vous passez du temps avec elles ? Prenez note de ces personnes positives, qu'il s'agisse d'amis, de membres de la famille ou même de simples connaissances. Construisez un système de soutien composé de personnes heureuses vers lesquelles vous pouvez vous tourner lorsque vous vous sentez déprimé.

Dans le même ordre d'idées, vous devez faire attention aux personnes négatives et tristes qui vous entourent et à la façon dont elles affectent votre propre humeur. Lorsque vous traversez une période difficile et que vous luttez contre votre propre niveau de bonheur, il peut être préférable d'éviter les personnes dont vous savez qu'elles vous feront sombrer davantage. C'est dans ces moments-là que vous voulez passer du temps avec votre équipe de supporters, ou celle de votre système de soutien au bonheur. Encore une fois, cela ne signifie pas que vous devez complètement exclure les gens de votre vie, mais simplement prendre note de leur énergie et de la façon dont ils vous affectent et passer du temps avec eux en conséquence.

Lorsque vous êtes heureux, ne craignez pas de partager ce bonheur et de le répandre autour de vous. Sourire, rire et se sentir bien dans sa vie est contagieux. Répandez la joie et imprégnez-vous des personnes heureuses qui vous entourent lorsque vous ne vous sentez pas au mieux de votre forme. Appelez cet ami qui peut instantanément vous faire sentir mieux et parlez de cette idée de bonheur contagieux aux personnes de votre entourage qui vous aiment et se soucient de vous. Faites-leur savoir quand vous avez besoin d'un peu de réconfort et rendez-leur la pareille. Car, avouons-le, nous avons tous des moments où nous sommes plus heureux et de bien meilleure humeur que d'autres. Prenez l'habitude de vous soutenir mutuellement et de créer ce système de soutien au bonheur. Cela fera une énorme différence dans votre vie et dans celle de vos proches.

JOUR 12

Soigner votre sommeil

Le sommeil est important pour votre santé, votre bien-être et votre vigilance. Ne pas avoir une bonne nuit de sommeil peut avoir un impact sur vos performances pendant la journée. Un manque de sommeil chronique peut entraîner toutes sortes de problèmes de santé et même une prise de poids. Il peut également conduire à la dépression. En d'autres termes, si vous ne dormez pas suffisamment, vous vous sentez mal.

D'un autre côté, en veillant à vous reposer suffisamment, vous vous sentirez plus énergique. Vous faites plus de choses, ce qui renforce votre confiance en vous et, par conséquent, votre bonheur général. Il est donc tout à fait logique de veiller à se reposer.

Je suis sûr que vous avez déjà vu cela en action. Lorsque nous ne dormons pas bien, ou que nous n'avons pas la chance de nous reposer suffisamment, nous devenons grincheux et agités. Notre niveau de stress augmente considérablement, ce qui nous rend encore plus mal à l'aise. Nous n'arrivons pas à faire notre travail, nous commençons à nous sentir déprimés, ce qui entraîne d'autres nuits blanches. C'est un cercle vicieux.

En revanche, si nous parvenons à briser ce cycle et à faire du sommeil une priorité, tout change pour le mieux. Nous

nous réveillons de bonne humeur et prêts à affronter la journée. Il est plus facile d'accomplir le travail et les tâches ménagères tout en ayant le temps de se détendre et de se relaxer. Il en résulte une meilleure nuit de sommeil et un matin encore meilleur.

La grande question est donc de savoir comment parvenir à cet état de béatitude et de repos nocturne de huit heures. Nous y parvenons en faisant du sommeil une priorité. Oui, il y a des moments dans notre vie (comme l'arrivée d'un nouveau-né, par exemple) où il n'est pas possible d'avoir une bonne nuit de sommeil pendant un certain temps, mais pour la plupart d'entre nous, il n'est pas difficile de mettre en place une routine raisonnable à l'heure du coucher.

Et la routine est le mot clé ici. Un bon sommeil est une habitude et un comportement acquis. Il faut un peu de travail de votre part pour changer vos habitudes et établir une bonne routine de sommeil et de coucher, mais cela en vaut la peine. Je vous le promets.

Commencez par fixer une heure de coucher régulière et faites de votre mieux pour vous y tenir — même le week-end et les jours fériés. Notre corps se met dans un rythme d'heures de marche et de repos. Aidez votre corps à y parvenir en respectant votre horaire. Dans les heures qui précèdent le coucher, consacrez un peu de temps à la détente et au calme. Arrêtez de travailler, ne faites pas d'exercice trop tard dans la journée, évitez la caféine quelques heures avant de vous coucher et éteignez les écrans au moins une heure avant d'être prêt à vous endormir. Baisser les lumières, écouter de la musique douce et lire un bon vieux livre en papier sont d'excellents moyens de se détendre et de préparer le corps et l'esprit au sommeil. Prendre un bain ou une douche chaude peut également vous aider.

Si vous avez toujours du mal à vous endormir après avoir mis en place une routine, envisagez de prendre un supplément de magnésium et/ou de mélatonine. Un manque de l'une ou l'autre de ces substances dans votre organisme peut rendre beaucoup plus difficile le fait de s'endormir et de rester endormi. Restez fidèle à votre routine et vous prendrez l'habitude de dormir suffisamment. Vous serez alors plus heureux, plus énergique et plus productif.

JOUR 13

Améliorer sa confiance en soi

Repensez à certains des moments les plus heureux de votre vie. Il y a de fortes chances que ce soient aussi les jours où vous vous sentiez le plus sûr de vous. Peut-être avez-vous excellé en sport à cette époque, ou avez-vous réussi un projet au travail. La confiance en soi peut être un grand facteur de bonheur. Mais pourquoi attendre que quelque chose de bien se produise dans votre vie ? Pourquoi ne pas travailler à renforcer votre confiance en vous, ce qui augmentera votre sentiment de bonheur.

Il existe toutes sortes de choses que vous pouvez faire pour renforcer votre confiance. Nous allons en passer quelques-unes en revue ici. Je vous encourage également à vous documenter sur le sujet, à prêter attention aux moments où vous vous sentez plus confiant, puis à élaborer un plan pour renforcer intentionnellement votre confiance en vous en vous basant sur vos propres recherches et expériences.

Le problème lorsqu'il s'agit de renforcer la confiance en soi, c'est que nous avons tendance à réagir à des stratégies, des techniques et des événements différents. Certains d'entre nous s'épanouissent dans les mots d'encouragement, tandis que d'autres veulent voir des résultats, ou s'épanouissent dans les actions gentilles des autres. Êtes-vous le genre de personne qui accorde plus d'importance à un mot gentil de votre patron, à une augmentation ou à une promotion ? Ou que diriez-vous d'une reconnaissance publique lors de la dernière réunion d'entreprise ? Nous avons tous des déclencheurs de confiance différents et l'astuce consiste à déterminer le vôtre et à trouver comment vous pouvez obtenir davantage de ces types de stimuli.

Parmi les moyens généraux de renforcer la confiance en soi, citons les mots d'encouragement, le fait de constater le chemin parcouru, l'écoute d'une musique entraînante, la course à pied et la gestion positive de l'échec. Essayez chacune de ces astuces et toute autre astuce intéressante pour renforcer la confiance en soi. Ensuite, prenez le temps de constater l'impact de la confiance sur le bonheur général.

Si vous réagissez bien aux compliments et aux mots d'encouragement, appelez un ami ou quelqu'un d'autre dans votre vie qui est un excellent supporter. Recevez ces affirmations verbales positives chaque fois que vous avez besoin d'un petit coup de pouce. Tenez un journal afin de pouvoir regarder en arrière et constater les progrès accomplis. C'est un conseil particulièrement judicieux si vous essayez de changer votre vie, vos habitudes ou de progresser dans un projet à long terme. Le fait de pouvoir revenir en arrière et de constater le chemin parcouru peut être très encourageant.

Mettre de la musique ou sortir prendre l'air et faire de l'exercice peut être un autre moyen de renforcer votre confiance et votre humeur. Combinez les deux pour obtenir des résultats encore meilleurs. Enfin et surtout, voyons comment gérer l'échec. Lorsque les choses tournent mal — et, soyons honnêtes, cela arrive tôt ou tard

— vous pouvez soit vous laisser abattre et miner votre confiance, soit considérer l'échec comme une expérience d'apprentissage. Devinez quelle vision est la meilleure pour votre estime de soi ?

J'espère que vous prendrez ces suggestions à cœur et que vous ferez un effort pour travailler sur votre confiance en vous. Non seulement cela fera de vous une personne plus heureuse, mais vous obtiendrez également plus de résultats, et vous réussirez mieux à long terme.

JOUR 14

Faire preuve de bonté envers autrui

Voici un exercice intéressant pour vous. Faites vos courses, allez au travail ou à l'école et faites en sorte d'embellir la journée de quelqu'un d'autre. Cela peut être quelque chose d'aussi simple que de faire un grand sourire à quelqu'un, d'avoir une conversation intéressante avec une personne qui se sent un peu perdue ou seule, ou encore d'acheter un repas pour le sans-abri du coin de la rue. Peu importe ce que vous faites, mais faites quelque chose aujourd'hui pour faire plaisir à quelqu'un d'autre.

Comment vous sentez-vous ? C'est un sentiment plutôt agréable, n'est-ce pas ? Il semble que la clé de notre propre bonheur réside dans le fait de rendre les gens autour de nous heureux et de les aider. Quand on commence à y penser, c'est logique, n'est-ce pas ? Nous sommes des créatures sociales qui doivent travailler ensemble pour s'épanouir. Il est donc logique que le fait d'aider ceux qui nous entourent s'accompagne d'un système de récompense interne. En d'autres termes, notre bonheur augmente à mesure que nous améliorons la vie de ceux qui nous entourent.

Une excellente stratégie pour accroître notre propre bonheur consiste donc à remonter le moral de ceux qui nous entourent. Non seulement cela vous aidera à vous sentir mieux et plus heureux, mais vous devez également accroître votre propre bonheur et afficher ce grand sourire sur votre visage pour pouvoir faire plaisir à quelqu'un d'autre. Il est difficile de faire ce genre de choses lorsque l'on se sent triste et déprimé. Mais c'est dans ces moments-là que vous devez vous forcer le plus à le faire. En faisant cela, vous faites en sorte que votre propre esprit augmente le bonheur que vous ressentez et celui-ci se mêle à un sentiment de fierté d'avoir aidé quelqu'un d'autre.

Comme pour la plupart des autres stratégies que nous avons évoquées pour accroître votre bonheur, la clé du succès est d'en faire une habitude. Si le fait de faire plaisir à quelqu'un dans le cadre de votre vie quotidienne est bien ancré dans vos habitudes, vous commencerez automatiquement à le faire, même lorsque (et surtout lorsque) vous n'en avez pas envie. Comme vous le savez, ce sont les moments où vous avez particulièrement besoin de faire quelque chose pour accroître votre propre bonheur et vous donner ce petit coup de pouce supplémentaire.

Commencez par réfléchir à quelques petites choses que vous pouvez faire pour égayer la journée de quelqu'un. Il n'est pas nécessaire que ce soit quelque chose de grand ou de compliqué. Concentrez-vous plutôt sur les petits actes de bonté que vous pouvez accomplir chaque jour. Bénissez vos proches avec cette gentillesse, ou de parfaits inconnus qui semblent avoir besoin d'un peu de réconfort. Aidez quelqu'un à décharger ses courses, préparez un repas pour un voisin qui vient d'avoir un nouveau bébé ou apportez à votre conjoint un café au lit quand il ou elle traverse une période difficile. Tous ces petits actes de bonté commenceront à faire une énorme différence, non seulement en vous, mais aussi dans le monde qui vous entoure.

JOUR 15

Faire semblant

Il existe cette expression anglo-saxonne : « Fake It "Till You Make It » qui signifie littéralement « Faites semblant jusqu'à ce que vous réussissiez à le faire vraiment ». On l'entend généralement dans le monde des affaires et du spectacle. L'idée est que si vous avez l'air de réussir, votre entourage vous traitera comme une personne qui réussit et vous enverra plus de projets et d'opportunités. À un moment donné, l'idée est que vous pouvez arrêter de faire semblant parce que vous êtes devenu ce que vous avez prétendu être. Cela semble un peu plus dur que ça ne l'est. Dans ce contexte, faire semblant n'est pas aussi faux qu'il y paraît. Ce que vous faites réellement, c'est modéliser des comportements jusqu'à ce que vous les ayez intériorisés. Une fois que cela se produit, vous commencez à voir des résultats, parce que vous avez travaillé dur sur exactement le même type de choses qu'une personne qui réussit. Il est donc logique que vous commenciez à voir des résultats.
Ce qui est intéressant, c'est que cela fonctionne dans toutes sortes de contextes différents. Si vous voulez être une personne mince et en forme, commencez à agir comme elle, en mangeant ce qu'elle mange, en faisant de l'exercice, en bougeant plus, etc. Au bout de quelques mois, il n'est pas étonnant que vous commenciez à mincir de manière significative.

Comme le bonheur me préoccupe beaucoup dans le cadre de ce projet, j'ai effectué quelques recherches pour voir si le même concept pouvait aussi fonctionner pour les sentiments, notamment pour accroître le sentiment d'estime de soi, de bien-être et, bien sûr, de bonheur. La bonne nouvelle, c'est que c'est le cas. Vous pouvez vraiment simuler le bonheur jusqu'à ce que votre humeur s'améliore.

Feindre le bonheur est beaucoup plus facile que vous ne le pensez. Vous pouvez commencer par rien de plus compliqué que de sourire. Un faux sourire fera l'affaire à la rigueur, mais si vous pouvez faire participer l'ensemble de votre visage, y compris vos yeux. Faites de votre mieux pour sourire, même si vous ne le sentez pas.
Après avoir souri un peu, vous devriez sentir votre humeur s'améliorer. Rappelez-vous tout au long de la journée de sourire davantage pour obtenir de meilleurs résultats. Lorsque vous êtes prêt à passer à la vitesse supérieure, essayez de rire. Encore une fois, s'il n'y a rien de drôle, commencez simplement à rire et à vous moquer. Cela a un impact profond sur le corps. Non seulement il fera disparaître instantanément votre mauvaise humeur et vous rendra plus heureux, mais il a également été démontré que le rire augmente la capacité de guérison de votre corps et améliore votre système immunitaire.

Faites un essai et commencez à vous entraîner à simuler le bonheur. Vous pouvez sourire et rire de vous-même devant le miroir de la salle de bains le matin. Faites ensuite l'effort de sourire et de rire plus souvent au cours de votre journée. Non seulement vous remarquerez que votre propre niveau de bonheur augmente, mais vous ferez également une différence pour ceux qui vous entourent.

JOUR 16

Tenir un journal de gratitude

Nous avons parlé précédemment du fait qu'éprouver de la gratitude et reconnaître toutes les bonnes choses de notre vie est un excellent moyen d'accroître notre bonheur général. Prendre l'habitude de montrer et d'éprouver plus de gratitude est l'un des moyens les plus puissants d'accroître votre sentiment de bonheur.

C'est très bien de prendre la résolution de ressentir plus de gratitude et de devenir plus heureux. Mais passer à l'action est un peu plus difficile à dire qu'à faire. Heureusement, il existe un petit outil simple qui vous aidera à rester sur la bonne voie : un journal. Un journal de gratitude est une chose merveilleuse qui peut avoir un impact positif étonnamment important sur votre vie. Et surtout, vous n'avez besoin de rien d'extraordinaire. Prenez un cahier et un stylo, ou si vous préférez, démarrez votre ordinateur et ouvrez un document Word.

L'idée est simple. Chaque jour, écrivez pendant quelques minutes les différentes choses pour lesquelles vous vous sentez reconnaissant. Pensez à tout ce qui vous a rendu heureux au cours de la journée. En énumérant toutes les choses positives de votre vie, vous les mettez au premier plan de votre esprit. Rien que cela ne peut qu'améliorer votre humeur et vous faire sentir plus heureux et plus accompli.

Non seulement votre écriture vous aidera immédiatement, en rédigeant chaque entrée quotidienne, mais vous créez également un excellent souvenir de votre parcours de gratitude et de bonheur. Sortez votre journal, installez-vous confortablement sur le canapé et lisez-le chaque fois que vous avez besoin d'un petit coup de pouce de bonheur. Voir, noir sur blanc, le chemin parcouru au cours des dernières semaines, des derniers mois, voire des dernières années, est vraiment étonnant.

Lorsque vous commencez à lire les événements et les personnes pour lesquels vous avez éprouvé de la gratitude dans le passé, vous commencez à revivre ces souvenirs, et avec eux ces sentiments. Considérez votre journal de gratitude comme une batterie de bonheur. Vous stockez vos bons sentiments dans un format simple qui vous permet d'y accéder et de les revivre à la demande. Quelle idée puissante !

En outre, écrire et lire régulièrement votre journal de gratitude vous aidera à prendre de nouvelles habitudes positives. Vous commencerez à avoir une vision plus positive de la vie, et comme le journal vous oblige à penser et à trouver les choses et les personnes pour lesquelles vous êtes reconnaissant dans une journée donnée, votre cerveau commencera automatiquement à rechercher le positif plutôt que le négatif. Il est facile de voir comment cela peut avoir un impact bénéfique sur votre vie au fil du temps.

Si vous êtes prêt à pratiquer la gratitude et à travailler sur l'augmentation de votre bonheur, commencez à écrire un journal. Vous ne le regretterez pas.

JOUR 17

Pensées et émotions négatives

La vie n'est pas que du bonheur et du soleil. Et c'est une bonne chose. Ce ne serait pas ennuyeux de n'avoir que des expériences positives ? Nous avons besoin du négatif, de la tristesse et des déceptions pour équilibrer le bonheur. Ce sont eux qui font ressortir les moments heureux et les rendent encore plus brillants. Cela dit, les pensées et émotions négatives, ainsi que les événements et les personnes qui les provoquent, font partie de la vie. Nous devons apprendre à les gérer et à tirer le meilleur parti des situations tristes pour vivre une vie heureuse et satisfaite. Aujourd'hui, je veux examiner quelques idées et stratégies différentes qui peuvent nous aider à le faire.

Mettez-les en perspective
Avant de vous laisser aller à la tristesse, essayez de prendre du recul et d'envisager la situation sous un angle différent. Dormez un peu, sortez vous promener, puis revenez et regardez à nouveau la situation. Essayez de voir le côté positif des choses. Oui, il y a indéniablement des situations tristes et mauvaises dans nos vies, mais même ainsi, la plupart d'entre elles ont une petite lueur de quelque chose de bon en elles aussi. Trouvez cette positivité et accrochez-vous à elle.

Il y a aussi beaucoup de moments et de situations où nous nous concentrons trop sur la négativité. Un peu de distance, et un peu de perspective peuvent nous montrer que ce n'est pas aussi mauvais que nous le pensions au départ.

Autorisez-vous à être triste par moments
Il y a aussi des moments où la vie est tout simplement nulle. C'est normal d'être triste. Ne vous sentez pas obligé d'être heureux tout le temps. Parfois, la meilleure chose que vous puissiez faire pour vous-même est de prendre le temps d'être triste et de faire votre deuil. Il y a beaucoup de guérison et d'acceptation des choses qui ne peuvent se produire que si vous laissez entrer la tristesse. Ressentez-la, afin de pouvoir commencer à guérir et à vous rétablir. Cela vous permettra de retrouver la version la plus heureuse de vous-même.

Regardez le bon côté des choses
Pour être sûr que cela se produise et que vous ne vous enfonciez pas dans un trou de tristesse, de désespoir et de dépression, vous devez chercher le bon côté, ou la petite lueur de lumière au bout du tunnel. Cherchez-la, concentrez-vous sur elle et utilisez-la pour retrouver le chemin du bonheur. Peut-être que cette petite lueur d'espoir est simplement le fait que vous ne vous sentez pas aussi triste qu'hier. Ou peut-être est-ce l'appel d'un ami, ou un voisin qui dépose une carte. Accrochez-vous à elle et utilisez tout ce qui est bon et positif dans votre vie pour vous y ramener.

JOUR 18

Vivre l'instant présent

L'un des moyens les plus rapides de stopper tout sentiment de bonheur dans son élan est de s'inquiéter. Nous nous inquiétons de choses qui ne sont pas encore arrivées, et nous nous inquiétons de choses du passé auxquelles nous ne pouvons rien faire. Il est triste de penser au nombre de moments heureux que nous ratons parce que nous sommes trop préoccupés par le passé ou l'avenir.

L'une des solutions pour vivre une vie plus heureuse et plus satisfaite est d'apprendre à vivre le moment présent. Vous ne voulez pas passer à côté de toutes les petites choses incroyables que la vie vous réserve parce que vous êtes trop occupé à vous inquiéter et à vous angoisser pour des choses qui échappent à votre contrôle. L'objectif d'une vie plus heureuse est donc d'apprendre à vivre l'instant présent.

Commencez par prêter simplement attention à ce qui se passe autour de vous en ce moment. Appréciez les personnes avec lesquelles vous passez du temps. Appréciez les conversations et les interactions que vous avez avec eux. Regardez autour de vous et remarquez la beauté de votre environnement. Chaque saison apporte de nouveaux phénomènes naturels qui peuvent vous aider à rester dans le moment présent et vous rendre heureux. Remarquez comment la lumière filtre à travers les feuilles colorées par une journée d'automne croustillante. Chérissez les premières pousses vertes à la fin de l'hiver. Riez avec vos enfants et jouez dans la première neige de l'hiver. Profitez du soleil et regardez comment la lumière joue sur l'eau par une chaude journée d'été. Chaque jour, chaque saison et chaque année recèlent des trésors étonnants si vous prenez le temps de rester dans le moment présent et de les remarquer.

Ralentissez et n'ayez pas peur de vous arrêter pour sentir les roses. Si vous vous surprenez à retomber dans vos vieux travers et à vous inquiéter de choses que vous ne pouvez pas changer, rappelez-vous de vous arrêter et de vous concentrer sur quelque chose de joli dans votre environnement. Peu importe ce que c'est. L'idée est d'entraîner votre esprit à vivre dans l'instant présent plutôt que dans le passé ou l'avenir.

Cela signifie-t-il que vous devez cesser de comploter et de planifier l'avenir ? Cela signifie-t-il que vous ne devez pas regarder le passé et en tirer des leçons ? Bien sûr que non. Ce sont deux aspects importants de la vie. Il y a des moments pour planifier des vacances, déterminer les provisions dont nous avons besoin pour la semaine, ou planifier un déménagement ou un changement d'emploi dans le futur. Ce sont des façons productives d'envisager l'avenir. Dans le même ordre d'idées, il y a des moments où nous devons regarder le passé. Peut-être pouvons-nous réparer un tort, améliorer certaines choses ou, à défaut, en tirer des leçons. C'est également important. Ce qui n'est pas important ou productif, c'est de s'attarder sur le passé ou les événements futurs et de s'inquiéter de choses que nous ne pouvons pas changer. Chaque fois que cela se produit, arrêtez-vous et concentrez-vous sur le présent. Il ne vous faudra pas longtemps pour perdre l'habitude de vous inquiéter de choses qui échappent à votre contrôle. Vous aurez ainsi plus de temps et d'énergie pour vous concentrer sur ce qui compte vraiment.

JOUR 19

La communication positive

Certaines personnes sont capables de trouver le positif dans toute situation et de vous en faire part. Ce sont les types de patrons, de collègues, d'enseignants et d'amis qui vous font des critiques constructives en soulignant tout ce que vous avez fait de bien, même si le projet ou la situation s'avère être un véritable gâchis. Ce sont les personnes qui vous construisent et vous donnent la confiance dont vous avez besoin pour revenir en arrière et corriger les choses ou repartir de zéro.

Il y a ensuite les personnes qui ne peuvent pas vous faire un compliment sans souligner vos défauts. Elles ont tendance à se concentrer sur les aspects négatifs de toute situation et sont promptes à les partager avec vous. Il peut être difficile de vivre et de travailler avec ces personnes. La grande question est de savoir quel type de personne vous êtes et comment vous pensez et communiquez sur votre vie et votre environnement.

Si votre objectif est d'être plus heureux, je vous suggère de vous assurer que vous pensez et communiquez de manière positive. Pourquoi la pensée est-elle importante ? Parce que c'est la façon dont nous communiquons avec nous-mêmes. Je ne sais pas pour vous, mais je préfère passer mon temps à devenir mon plus grand supporter plutôt que mon pire critique.

Voici la bonne nouvelle. La façon dont vous pensez et dont vous communiquez peut être apprise et désapprise. Cela signifie que si vous êtes un peu pessimiste en ce moment, vous pouvez apprendre à penser, à être et à parler de manière plus positive. Bien sûr, les comportements et les habitudes acquis ne sont pas toujours faciles à changer. La première étape consiste à vouloir changer. La deuxième étape consiste à apprendre à reconnaître votre comportement au moment où il se produit. Écoutez les pensées qui vous passent par la tête, arrêtez-vous et faites-vous réfléchir avant de parler. La troisième étape consiste à mettre en pratique la nouvelle habitude et le nouveau comportement. Et c'est vraiment tout ce qu'il y a à faire.

Prenez quelques minutes pour réfléchir à ce que vous avez pensé aujourd'hui. Repensez aux conversations que vous avez eues avec d'autres personnes et donnez une idée de la façon dont vous communiquez avec vous-même et avec les autres. Êtes-vous aussi positif que vous aimeriez l'être, ou y a-t-il place à l'amélioration ? Si c'est le cas, commencez à mettre en œuvre le processus simple en trois étapes que j'ai partagé avec vous et continuez à pratiquer jusqu'à ce que cette façon plus positive de penser et de communiquer soit devenue une nouvelle habitude forte. Cela aura un impact considérable sur votre propre bonheur et celui de votre entourage.

JOUR 20

Donner rend plus heureux

Quand j'étais enfant, j'attendais Noël avec impatience. Tout tournait autour des cadeaux que j'allais recevoir. Je passais des jours et des semaines à anticiper et à essayer de deviner ce que maman et papa allaient m'offrir cette année. Je faisais des listes de souhaits et j'entourais des objets dans les catalogues de jouets. Il s'agissait de recevoir des choses matérielles.

Avec l'âge, cela a un peu changé. Ne vous méprenez pas, j'apprécie toujours un cadeau attentionné, mais pour être honnête, le plus grand plaisir de Noël pour moi est de donner des cadeaux. Je trouve de la joie dans le fait de trouver le bon cadeau, de le mettre dans un joli emballage et de voir les yeux du destinataire s'illuminer lorsqu'il ouvre son cadeau. Et, bien sûr, il n'y a rien de plus amusant que de voir les petits cris de joie le matin de Noël lorsqu'ils ouvrent les cadeaux sous le sapin.

Il y a une leçon importante à tirer de tout cela, à savoir que donner nous rend plus heureux. Il ne s'agit pas seulement de cadeaux matériels. Chaque fois que nous pouvons donner quelque chose, qu'il s'agisse de notre temps, d'un mot gentil, d'un conseil avisé ou d'un câlin, nous nous sentons bien de rendre la pareille. Donner accroît notre propre bonheur.

Il est donc logique de s'efforcer de redonner davantage pour aider à mener une vie plus heureuse et plus épanouie. Pensez aux différentes choses que vous pouvez faire pour commencer à donner plus. Le bénévolat est un excellent point de départ et les occasions de le faire sont nombreuses. Vous pouvez aider l'école de votre enfant ou l'église locale. Les refuges pour sans-abri et les soupes populaires sont toujours reconnaissants pour une paire de mains supplémentaire. Si vous êtes doué avec les animaux, aidez votre société protectrice des animaux locale à promener les chiens et à socialiser les chatons. Faire la lecture à des patients à l'hôpital ou à des personnes dans un établissement pour personnes âgées est une autre façon merveilleuse de s'abandonner.

Si vous n'êtes pas en mesure de sortir de chez vous pour faire du bénévolat, il existe encore de nombreuses occasions de donner en retour. Si vous avez des talents de bricoleur, tricotez des bonnets pour prématurés pour l'hôpital local ou cousez des couvertures pour animaux de compagnie pour un refuge local. Aidez à organiser des événements en ligne ou proposez de donner des cours particuliers virtuels aux enfants qui ont besoin d'aide pour leurs devoirs.

Commencez à faire du bénévolat et à donner en retour et remarquez comme vous vous sentez bien. Cela vous donne un sentiment de fierté et de détermination qui, à son tour, contribue à accroître votre bonheur général. Redonner à sa communauté et à sa famille est un sentiment merveilleux dont j'espère que vous ferez davantage l'expérience.

JOUR 21

Méditer

Le stress est un tel tue-l'amour. Rien ne vous déprime plus vite que le stress. Il vous empêche de bien dormir, de rester productif et d'être de bonne humeur. Il est donc logique que la réduction du stress augmente le bonheur. L'une des meilleures façons de réduire votre niveau de stress et d'augmenter votre joie de vivre est de faire de la médiation.

En plus de réduire le stress et d'accroître le bonheur, la méditation est bénéfique pour votre aide, vous aide à pratiquer la conscience de soi et renforce votre concentration. Si vous n'avez jamais pratiqué la méditation, permettez-moi de vous donner une brève description de cette technique ancienne qui permet de faire le vide dans votre esprit.

La méditation est un état de conscience sans pensée. On y parvient en s'exerçant à la méditation, jusqu'à ce que l'on puisse atteindre cet état d'esprit facilement et sans effort. En cours de route, la méditation nous aidera à nous concentrer, à contempler, et nous donnera un meilleur contrôle sur notre esprit et nos pensées.

Il existe toutes sortes de façons différentes de pratiquer la médiation. Certaines vous feront vous concentrer sur votre respiration, d'autres sur votre corps. Vous pouvez pratiquer dans un silence complet, en écoutant un bruit blanc ou de la musique douce, ou vous pouvez travailler avec des méditations guidées.

Si vous êtes novice en matière de méditation, une simple méditation guidée peut être votre meilleure option. Il en existe de nombreuses en ligne, sur YouTube, et même sur des applications. Certaines d'entre elles sont gratuites, tandis que d'autres sont des méditations guidées payantes. Écoutez-en quelques-unes jusqu'à ce que vous en trouviez une avec laquelle vous sentez à l'aise.

Si vous voulez simplement faire un essai sans télécharger ou acheter de méditations guidées, essayez cet exercice de méditation de base. Commencez par vous allonger confortablement sur le dos. Posez vos mains sur le côté et détendez-vous. Fermez les yeux et respirez naturellement. Remarquez comment la respiration fait bouger votre corps et essayez de concentrer votre esprit sur chaque expiration et chaque inspiration. Si votre esprit commence à vagabonder, ramenez-le sur votre respiration. Essayez de commencer par quelques minutes de méditation. Ne vous sentez pas mal si vous vous endormez. La méditation peut être très relaxante et constitue un excellent moyen de vous aider à trouver le sommeil.

Avec de la pratique, vous serez en mesure de faire de la médiation pendant de plus longues périodes. Expérimentez différentes techniques et durées de séances jusqu'à ce que vous trouviez votre propre routine qui réduise le stress, augmente le bonheur et vous permette de tenir sur le long terme. Continuez à méditer pour maintenir votre niveau de bonheur.

JOUR 22

Des objets contre des expériences

Nous vivons dans une société matérielle où notre principal objectif semble être d'acquérir plus de choses. Nous achetons de plus grosses voitures, de plus grandes maisons et, bien sûr, beaucoup de choses pour remplir ces maisons. L'idée est que nous pouvons acheter le bonheur en achetant plus de « choses ». Nous vivons de cette façon dans le monde occidental depuis un certain temps. Mais sommes-nous vraiment plus heureux avec toutes ces possessions matérielles ?

De plus en plus de personnes commencent à penser que toutes ces choses supplémentaires nous alourdissent et ajoutent au stress que nous ressentons. Il faut s'occuper de toutes ces choses et, avec des maisons et des voitures plus grandes, les problèmes d'entretien et les coûts de réparation augmentent.
Dans la recherche du bonheur, on observe une nouvelle tendance à posséder moins et à vivre de manière plus simple et minimaliste. Il doit y avoir quelque chose dans cette idée de posséder moins et de se concentrer moins sur l'achat et la possession de choses.

Cela signifie-t-il que pour être heureux, nous devons donner toutes nos affaires et emménager dans une petite maison ou un appartement ? Bien sûr que non. Mais ce que cela peut indiquer, c'est que passer un peu de temps à désencombrer et à se débarrasser de certaines choses peut nous donner un sentiment d'espace et de liberté.

Cela signifie également qu'au lieu d'accumuler plus de choses, nous devrions essayer de nous concentrer sur les expériences. Au lieu d'acheter une voiture de luxe, de nouveaux meubles ou un nouveau jeu de clubs de golf, prenez cet argent et dépensez-le pour un voyage en famille. Utilisez-le pour passer du temps de qualité avec vos proches et créer de beaux souvenirs. Non seulement vous augmenterez votre bonheur pendant la durée de vos vacances, mais vous ressentirez également de la joie en vous souvenant de ce voyage et du temps passé avec votre conjoint et vos enfants.

Vous n'avez même pas besoin d'aller si loin. Les vacances sont géniales, mais on ne peut pas les prendre tout le temps et elles ne sont pas toujours pratiques. Pensez à passer du temps de qualité au lieu d'acheter des cadeaux. Au lieu d'acheter une nouvelle chemise ou un nouveau livre à votre mère ou à votre meilleure amie, invitez-la à déjeuner et à passer un moment entre filles le jour de son anniversaire. Au lieu d'acheter un autre gadget ou outil électronique, allez au stade avec vos amis pour encourager votre équipe favorite. Pensez à vivre des expériences et à créer des souvenirs au lieu d'acheter plus de choses.

JOUR 23

Désencombrer sa vie

Dans le chapitre précédent, j'ai expliqué que le fait de se concentrer sur les expériences plutôt que sur les choses pouvait contribuer à réduire le stress et à accroître le bonheur. Aujourd'hui, je veux aller plus loin et me concentrer un peu plus sur le fait de se débarrasser des choses — tant physiques que mentales. L'idée est de trouver le bonheur dans la simplicité.

L'une des raisons pour lesquelles les vacances sont si relaxantes est que nous sommes loin de la plupart de nos affaires et des responsabilités qui les accompagnent. Vous n'avez pas à vous soucier de toutes sortes de projets et de corvées à la maison et vous pouvez simplement vous détendre et profiter de l'espace dans lequel vous vous trouvez. Vous êtes loin des rendez-vous, du travail, et d'être joignable. Cela vous permet de vous concentrer sur les personnes qui vous accompagnent.
Si nous ne pouvons pas reproduire ce sentiment de vacances, ce que nous pouvons faire, c'est désencombrer nos vies et simplifier les choses. Cela nous permet ensuite de nous concentrer sur ce qui est important et ce qui nous rend heureux. Voici quelques petites idées simples pour vous aider à commencer à faire le ménage.

Désencombrez votre maison
Commençons par les choses simples. Il existe des tonnes de livres, de blogs, d'articles et même d'émissions de télévision sur le désencombrement. Bien que ce ne soit pas

facile, il s'agit en fait de passer en revue votre maison, une pièce ou une zone à la fois, et de trouver les objets dont vous n'avez plus besoin ou que vous ne voulez plus. Ces objets peuvent ensuite être jetés ou donnés. L'idée est qu'au final, vous vous retrouvez avec des choses que vous appréciez et un espace beaucoup plus clair, plus relaxant à vivre et plus facile à garder propre et organisé.

Désencombrez votre calendrier
Ensuite, jetez un coup d'œil à votre calendrier, ou aux activités et obligations de votre vie. Être occupé nous donne l'impression d'être productifs, mais souvent, la meilleure façon d'utiliser notre temps est d'éliminer toutes les choses superflues qui ne sont pas nécessaires et qui ne nous apportent pas de joie. N'ayez pas peur d'être impitoyable et même parfois un peu impoli. Se sentir obligé ne devrait pas être une raison suffisante pour faire quelque chose. Débarrassez-vous-en et utilisez le temps gagné pour faire des choses qui vous aident à vous détendre, à avancer et, surtout, à vous rendre heureux.

Désencombrez votre esprit
Enfin, il est temps de désencombrer votre cerveau. C'est incroyable la quantité de « déchets » que nous laissons s'accumuler là-dedans. Nous avons tous cette liste de choses à faire, d'idées de projets futurs, de ce qu'il faut cuisiner, de ce qu'il faut acheter, etc. Ce dont nous ne nous rendons pas compte, c'est de la quantité d'énergie cérébrale que ce genre de pensées nécessite. La meilleure façon d'y remédier est de faire un « vidage de cerveau ». Prenez une feuille de papier et commencez à tout noter. Tout ce que vous avez en tête et dont vous pensez devoir vous souvenir, du livre que vous voulez lire ensuite à ce que vous allez cuisiner pour le dîner de demain, en passant par la

réunion que vous devez organiser au travail. Notez tout. Ne jugez pas, n'éditez pas et n'essayez pas d'organiser quoi que ce soit. Tout cela peut venir plus tard. Pour l'instant, écrivez tout cela pour vous le sortir de la tête.

Lorsque vous aurez terminé, remarquez combien vous vous sentez plus léger et plus heureux avec chaque domaine de votre vie désencombré. Bien que ce ne soit pas la chose la plus facile à faire, cela en vaut la peine et vous devriez essayer de le faire régulièrement.

JOUR 24

Arrêter de se plaindre

Depuis que j'applique les principes de ce défi du bonheur, je suis beaucoup plus conscient du bonheur des gens qui m'entourent. Je suis sûr que vous avez fait la même expérience. Cela m'amène à regarder les gens de plus près et à prêter attention à leurs actions, à leurs sentiments et à la façon dont cela semble être en corrélation. C'est intéressant et cela m'a donné de nouvelles perspectives sur toute cette question du bonheur.

Ce qui m'a frappé aussi, c'est que les personnes qui semblent les plus insatisfaites de leur vie et les moins heureuses sont celles qui passent beaucoup de temps et d'énergie à se plaindre. Je suis sûr que vous avez aussi quelques-unes de ces personnes dans votre vie. Elles sont trop occupées à dire à quel point leur vie est horrible et n'ont plus le temps de faire quelque chose pour y remédier. Ou peut-être préfèrent-elles se plaindre plutôt que de changer les choses. Quoi qu'il en soit, la solution semble être simple. Arrêtez de vous plaindre et commencez à agir.

Nous avons tous des moments où nous nous plaignons d'une chose ou d'une autre. Parfois nous le faisons dans notre tête, parfois nous nous défoulons sur un ami proche ou un membre de la famille. Nous râlons, nous nous défoulons, et cela suffit à nous faire sentir un peu mieux. C'est bien, mais nous ne faisons pas que nous plaindre. Bien sûr, il y a des moments où nous nous plaignons, nous nous sentons un peu mieux, et la situation se résout d'elle-même. Mais il y a d'autres moments où les choses ne s'amélioreront pas et où nous ne nous sentirons pas plus heureux à long terme si nous ne faisons rien.

Si vous n'êtes pas heureux dans votre travail, commencez à chercher un autre poste ou même à changer d'entreprise. Si vous n'êtes pas satisfait de votre salaire et qu'il ne vous donne pas les moyens de faire ce que vous voulez dans la vie, cherchez à obtenir une promotion, suivez des cours et faites tout ce qu'il faut pour commencer à gagner plus. Si vous êtes coincé dans une relation qui vous rend malheureux, travaillez-y ou prenez les mesures nécessaires pour passer à autre chose. Si vous n'êtes pas satisfait du comportement de vos enfants, améliorez vos compétences parentales et travaillez avec vos enfants pour améliorer les choses. Si vous n'êtes pas satisfait de votre apparence et de votre bien-être, commencez à manger plus sainement et sortez prendre l'air et faire de l'exercice.

Il est vraiment étonnant de constater à quel point vous pouvez améliorer votre vie lorsque vous cessez de vous plaindre et commencez à agir. Qu'allez-vous faire aujourd'hui pour améliorer votre vie et accroître votre bonheur à long terme ?

JOUR 25

Manger mieux

Il est intéressant d'apprendre à quel point les aliments que nous mangeons peuvent affecter notre humeur. Je pense que ce n'est pas un hasard si, depuis l'arrivée dans l'alimentation occidentale de nombreux aliments transformés avec du sucre ajouté, la dépression et d'autres troubles de l'humeur ont augmenté de façon spectaculaire. Nous cherchons des moyens d'accroître le bonheur de diverses manières alors que la solution la plus simple pourrait être de changer ce que nous mangeons. Examinons quelques ingrédients et nutriments clés dont il a été démontré qu'ils ont un effet direct sur notre humeur.

Acides gras oméga 3
Je suis sûr que vous avez déjà entendu parler de cet acide gras que l'on trouve dans les poissons gras et dans certaines graines et noix. Il existe un autre acide gras appelé oméga 6 et, d'après ce que j'ai lu, il doit exister un équilibre important entre les oméga 3 et les oméga 6. Si vous vous retrouvez avec beaucoup plus d'oméga 6 que d'oméga 3 (ce qui est souvent le cas dans un régime composé de beaucoup d'aliments transformés), l'un des effets secondaires est la dépression.

Vitamine D
C'est en hiver que nous avons le plus le cafard, lorsque nous ne pouvons pas sortir et prendre le soleil. L'une des principales raisons de cette baisse d'humeur est le manque de vitamine D. Avec une politique de santé mondiale qui

nous met en garde contre l'exposition au soleil et nous conseille de nous couvrir ou de porter un écran solaire puissant, il n'est pas étonnant que la carence en vitamine D soit devenue un problème majeur qui se trouve également affecter négativement notre humeur.

Vitamines B
Pour être heureux, il faut de l'énergie et les vitamines B sont un ingrédient clé pour s'assurer que nos aliments nous apportent l'énergie dont nous avons besoin. Tout ce groupe de micronutriments joue un rôle crucial dans la façon dont nous nous sentons énergisés. Assurez-vous d'en consommer beaucoup pour vous sentir au mieux de votre forme.

Magnésium
Enfin et surtout, parlons du magnésium. Ce problème prend de plus en plus d'ampleur, car nos sols sont appauvris en magnésium et ce minéral est de moins en moins présent dans notre alimentation. Le manque de magnésium peut provoquer des insomnies et je n'ai pas besoin de vous dire combien une bonne nuit de sommeil est importante pour votre bien-être général.

Bien que vous puissiez envisager de prendre des suppléments de certains de ces nutriments pour combler rapidement les lacunes de votre alimentation, une bien meilleure stratégie à long terme consiste à assainir votre régime alimentaire. Plus vous éliminerez d'aliments transformés et les remplacerez par des fruits et légumes frais, des viandes de qualité et des graisses saines, mieux ce sera. En d'autres termes, adoptez une alimentation saine composée de vrais aliments et vous commencerez à vous sentir mieux.

JOUR 26

Passer du temps pour soi

Nous menons des vies bien remplies et avons toutes sortes d'obligations en tant que parents, professionnels et amis. Il est facile de se perdre dans tout ce qui doit être fait dans une semaine donnée. S'il est bon de donner et de passer beaucoup de temps avec ses proches, il y a un moment et un lieu où il faut ralentir et être un peu égoïste.

Parfois, vous avez besoin de vous faire plaisir et de passer un peu de temps pour vous. Ne vous sentez pas coupable. Au bout du compte, cela fera de vous un meilleur parent, un meilleur collègue et un meilleur ami. Nous avons tous besoin de nous ressourcer et de faire régulièrement quelque chose uniquement pour nous, sans que cela soit compliqué.

Réfléchissez à ce que vous pourriez faire, à quelque chose que vous aimez et qui vous détend. Peut-être s'agit-il de lire un bon livre ou de regarder votre émission de télévision préférée. Vous pouvez aussi vous remettre à un passe-temps que vous aimiez. Peut-être que vous pouvez faire une sieste. Peut-être est-ce aussi simple que de prendre 10 minutes pour vous asseoir seul et réfléchir, ou feuilleter un magazine.

Votre première tâche consiste à déterminer ce que vous voulez faire pour vous-même. Le temps pour faire ce que vous aimez est toujours un atout. Il n'est pas nécessaire que ce soit beaucoup de temps ni que ce soit compliqué. Bien sûr, un voyage à la plage pendant une semaine serait formidable, mais si ce n'est pas possible, vous pouvez vous installer sur le canapé avec une bonne tasse de thé et un bon livre.

Vous pouvez aussi vous offrir une nouvelle coupe de cheveux, une jolie robe, un nouveau gadget ou quelque chose qui vous aidera à profiter davantage de votre passe-temps. Vous pouvez aussi faire très simple et acheter une friandise que vous n'aurez pas à partager pendant que vous faites vos courses.

Ce que je veux dire, c'est qu'il est normal de se faire plaisir et de faire quelque chose dans le seul but de se rendre heureux. Même si un morceau de chocolat raffiné peut sembler insignifiant dans l'ordre des choses, le fait de bien se traiter et de prendre soin de soi peut avoir un impact considérable sur le reste de la journée et sur la façon dont vous traitez ceux qui vous entourent. Faites-en l'essai. Faites quelque chose de gentil pour vous et regardez votre niveau de bonheur augmenter.

JOUR 27

Partager sa joie

Voici un fait amusant. Saviez-vous que le bonheur est contagieux ? Vous n'avez peut-être pas réalisé que c'est vrai, mais je suis sûr que vous en avez fait l'expérience. Pensez à un moment où vous étiez avec une personne qui éprouvait une joie pure. Les enfants sont merveilleux, non seulement parce qu'ils sont complètement heureux, mais aussi parce qu'ils partagent et expriment cette joie exubérante. Si vous êtes en présence d'un petit enfant qui rit, ricane et s'amuse, vous ne pouvez pas vous empêcher de sourire avec lui. Leur bonheur nous rend plus heureux car il est contagieux — un peu comme un bâillement.

Le bonheur pouvant se propager d'une personne à l'autre, nous pouvons l'utiliser pour partager notre joie et notre enthousiasme. Utilisez-le pour faire la différence dans la façon dont vous vous sentez heureux chaque jour et n'ayez pas peur de le répandre.

S'imprégner du bonheur
Lorsque vous passez une mauvaise journée, il suffit parfois de trouver une personne heureuse pour vous remonter le moral. Entourez-vous de personnes positives qui savent partager la joie. Trouvez vos propres supporters auxquels vous pouvez faire appel lorsque vous avez besoin d'un petit coup de pouce. Si le visionnage d'une comédie ou d'un film joyeux peut vous aider, l'expérience du bonheur en personne semble avoir un impact bien plus important sur

ce que vous ressentez. Allez-y et imprégnez-vous du bonheur.

Répandez le bonheur autour de vous
Non seulement vous pouvez vous nourrir du bonheur des autres, mais vous pouvez aussi commencer à le répandre. Dans un chapitre précédent, nous avons expliqué que donner nous rendait plus heureux que recevoir. Dans le même ordre d'idées, partager votre bonheur sera bénéfique pour vous et pour ceux qui vous entourent. Si vous partagez intentionnellement votre joie et votre enthousiasme avec ceux qui vous entourent, vous créerez une énergie positive qui sera contagieuse. Vous commencerez à remarquer que votre famille et vos amis sourient davantage, rient avec vous et s'amusent.

Il se passe alors quelque chose d'intéressant. Vous commencez à vous nourrir de leurs ondes positives et de leur bonheur, augmentant ainsi votre propre joie. Continuez ainsi et vous créerez une spirale de bonheur qui se répandra de plus en plus loin. Un simple sourire ou un rire partagé peut changer l'humeur de tout un groupe de personnes. C'est assez puissant.

Lorsque vous interagissez avec les gens, commencez à prêter attention à leur humeur et sachez que les sentiments de bonheur et de tristesse peuvent être contagieux. Utilisez ce dont nous avons parlé dans ce chapitre à votre avantage et, le cas échéant, changez l'ambiance autour de vous en partageant votre bonne humeur. Vous n'avez pas besoin d'exploser de joie pour faire la différence. Prenez plutôt un moment pour vous concentrer sur un souvenir heureux, ou pensez à ce dont vous êtes reconnaissant. Puis montrez et partagez le bonheur que vous avez créé et regardez-le se propager dans la pièce. Souriez, tenez une conversation enthousiaste et faites en sorte que le monde soit plus heureux.

JOUR 28

Constatez-vous une différence ?

Au cours des 27 jours, nous avons beaucoup parlé du bonheur et de ce que nous pouvons faire pour améliorer notre humeur. Nous avons abordé une grande variété de sujets, allant de l'influence du sommeil, de l'exercice physique et de l'alimentation sur notre humeur à des stratégies simples comme le désencombrement et la pratique de la gratitude.

Aussi aujourd'hui, faisons le point et voyons si se concentrer intentionnellement sur le fait d'être plus heureux fait une différence. Je sais que c'est le cas pour moi, mais qu'en est-il pour vous ? J'espère que vous avez suivi et essayé les différentes idées. L'une des choses dont nous avons parlé précédemment est la tenue d'un journal. L'idée était de pratiquer la gratitude et de prêter attention aux bonnes choses qui nous concernent en les écrivant. Ce même journal est également un excellent outil pour évaluer vos progrès tout au long de ce défi du bonheur. Comparez les premières pages avec les dernières, ou observez ce que vous ressentez maintenant. J'espère que vous constatez de grandes améliorations.

Il est important de se rappeler que nous traversons des saisons dans nos vies. Il y a des moments où nous sommes globalement plus heureux, et des moments plus difficiles et plus tristes. C'est normal de passer par ces phases plus tristes. J'ai mentionné précédemment que ce serait triste si nous ne connaissions que le bonheur. Nous avons besoin de tristesse pour faire ressortir davantage le bonheur. Sans les moments difficiles, il est difficile d'apprécier les bons moments. Si vous êtes coincé dans une période difficile, ce n'est pas grave. Faites ce que vous pouvez pour vous aider, vous et vos proches, à traverser cette épreuve, puis efforcez-vous de ramener la joie et le bonheur dans vos vies.

J'espère avant tout que ce petit défi du bonheur vous fera prendre conscience de la beauté et de la joie qui vous entourent. Il est si facile de se laisser absorber par notre vie quotidienne et nos problèmes au point de passer à côté des personnes et des choses qui nous rendent heureux. Ce défi a été conçu pour vous rendre plus conscient de ces choses et créer de nouvelles habitudes positives que vous continuerez à suivre à partir de maintenant.

Conclusion

Il est difficile de croire que 28 jours se sont écoulés depuis que nous avons commencé ce défi du bonheur ensemble. Nous avons couvert beaucoup de terrain. J'espère que vous avez trouvé des outils, des techniques, des conseils et des idées qui vous ont aidé à accroître la joie dans votre vie. Si vous avez suivi les conseils présentés dans ce livre et fait un effort pour améliorer votre humeur, votre gratitude et votre joie, je suis sûr que vous constatez beaucoup de progrès et de changements dans votre état d'esprit.

Qu'allez-vous faire à partir de maintenant ? Continuez simplement à mettre en œuvre ce que vous avez appris et entraînez-vous régulièrement à être heureux. Vous vous souvenez du journal du bonheur dont j'ai parlé au jour 16. C'est un excellent outil que vous pouvez utiliser pour vous maintenir sur la bonne voie. N'hésitez pas à revenir aux chapitres précédents si nécessaire pour revoir d'autres outils et conseils. Et surtout, continuez à apprendre, à sourire et à faire grandir votre joie et votre bonheur.

Le mot de la fin

J'espère que ce livre a fait une différence pour vous. Si c'est le cas, n'hésitez pas à le partager autour de vous. J'aimerais également savoir si vous l'avez apprécié et ce que vous avez trouvé de particulièrement utile.

Si vous voulez me contacter pour me poser d'éventuelles questions ou me dire ce que vous avez pensé de ce livre, vous pouvez m'écrire à l'adresse email suivante : contact@cultivetonbonheur.com.

N'hésitez pas non plus à laisser votre avis à propos du livre sur Amazon, même succinct, afin de me dire si vous l'avez apprécié. Votre commentaire honnête permettra à d'autres personnes de découvrir ce livre et de faire à leur tour le choix du bonheur.

Scanner ce QR code pour laisser un avis sur Amazon

Enfin, pour vous remercier d'avoir rejoint le cercle de mes lecteurs, je vous propose un contenu bonus en complément du présent livre sous la forme d'un ebook à télécharger gratuitement.

Scanner ce QR code pour recevoir votre ebook gratuit

À très bientôt.
Alex Lebron

Printed in France by Amazon
Brétigny-sur-Orge, FR